Birgit Brandenburg

Wilhelm Busch

Eine Schreibwerkstatt

für 8- bis 12-Jährige

42 Kopiervorlagen

Lernen mit Erfolg

KOHL VERLAG

Der Verlag mit dem Baum

www.kohlverlag.de

Möchten Sie mehr vom Kohl-Verlag kennen lernen? Dann nutzen Sie doch einfach unsere komfortable und informative Homepage! Dort erwarten Sie wertvolle Informationen rund um unser gesamtes Sortiment sowie aussagekräftige Leseproben zu jedem lieferbaren Produkt!

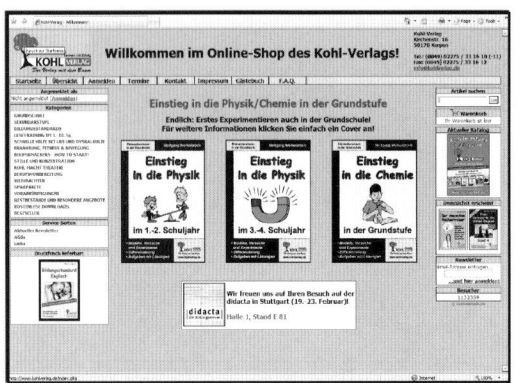

www.kohlverlag.de

Wilhelm Busch
Eine Schreibwerkstatt für 8- bis 12-Jährige

2. Auflage 2008

© Kohl-Verlag, Kerpen 2008

Text & Illustrationen: Birgit Brandenburg
Grafik & Satz: Kohl-Verlag
Druck: farbo Druck, Köln

Bestell-Nr. 10 859

ISBN: 3-86632-859-1

Inhalt

Bestell-Nr. 10 859 · Eine Schreibwerkstatt für 8- bis 12-Jährige · Wilhelm Busch

www.kohlverlag.de

Vorwort

Liebe Kolleginnen und Kollegen,

Wilhelm Busch – ach ja, das ist der mit Max und Moritz denkt man immer wieder. Leider wird Wilhelm Busch meistens auch nur auf die beiden Protagonisten der Streiche reduziert. Bilder der beiden findet man in Lesebüchern und Arbeitsmappen.

Wilhelm Busch ist zwar mit den beiden Gestalten berühmt geworden, hat aber wesentlich mehr als Dichter und Schriftsteller zu bieten. Leider weiß man heute allgemein nicht, wie vielfältig er in seinem Werk war. Die Texte und Bilder von Wilhelm Busch sollen die Schüler anregen, sich in vielfältiger Form mit Sprache auseinander zu setzen und gleichzeitig einen unserer bekanntesten deutschen Dichter und Schriftsteller kennen zu lernen. Sie formen Texte von Busch in Gedichtformen um, lösen Rätsel, schreiben eigene Texte, malen Bilder zu vorgegebenen Texten u.v.m..

Da die Bildfolgen von Wilhelm Busch teilweise sehr umfangreich sind, wurden sie in den Arbeitsblättern sinnvoll gekürzt, wo es nötig war, wurden die Texte in die heutige, für Kinder verständlichere Form erzählend übertragen.

Die einzelnen Kapitel können unanhängig voneinander im Unterricht eingesetzt werden. Dafür bieten sich folgende Möglichkeiten an:

- Im **Sprachunterricht** im Zusammenhang mit einem bestimmten Thema (z.B. Gedichte oder Bildergeschichten).
- Im sporadischen **Vertretungsunterricht**, da die Schreibwerkstatt auch kurze Texte und Übungen beinhaltet.
- Fächerübergreifende Bearbeitung im **Sachunterricht** im Zusammenhang z.B. mit Entwicklung des Frosches.
- Als **gesamte Schreibwerkstatt**, wobei zunächst alle Schüler die Biografie von Wilhelm Busch erarbeiten, um dann kapitelweise weiter zu verfahren. Da die Kapitel, wie bereits erwähnt, unabhängig voneinander sind, braucht auch von den Schülern für die Werkstatt in Gänze keine Reihenfolge eingehalten zu werden.
- Die **Bearbeitung als Teilwerkstatt**, wobei ebenfalls die Biografie zuerst von allen Kindern erarbeitet werden sollte und die dann vom Lehrer ausgewählten Kapitel behandelt werden.
- Im **Wochenplan**, in den der Lehrer bestimmte Kapitel oder sogar nur Aufgaben einbezieht.
- In der **Freiarbeit** können den Schülern bestimmte Kapitel zur Bearbeitung zur Verfügung stehen.
- Als **Hausaufgabe** kann ein weiteres Kapitel zu Hause bearbeitet werden, wenn Wilhelm Busch Thema der Unterrichtseinheit ist.

Wird die Werkstatt in Gänze, als Teilwerkstatt oder im Wochenplan und der Freiarbeit bearbeitet, sollten die Kopien für die Schüler in Ablagekästen (Deckel von Pappkartons) deponiert werden. Die fertigen Arbeitsblätter heften die Kinder in Ordnungsmappen ab.

Es hat mir als Autorin viel Freude gemacht, mich mit dem Thema Wilhelm Busch zu beschäftigen. Ich hoffe, dass diese Werkstatt Ihnen und vor allem Ihren Schülern Motivation genug ist, sich ebenfalls mit dem Dichter und Schriftsteller intensiver auseinander zu setzen.

Birgit Brandenburg

Wilhelm Busch
Eine Schreibwerkstatt für 8- bis 12-Jährige   -   Bestell-Nr. 10 859
www.kohlverlag.de
KOHL VERLAG
Der Verlag mit dem Baum

Wilhelm Busch
Eine Schreibwerkstatt für 8- bis 12-Jährige   -   Bestell-Nr. 10 859

KOHL VERLAG
Der Verlag mit dem Baum
www.kohlverlag.de

Wer war Wilhelm Busch?

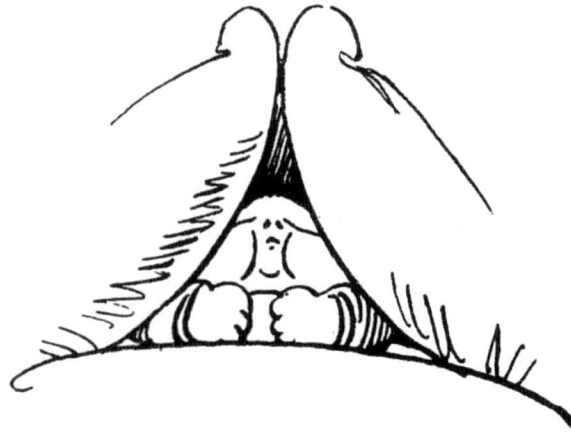

Am 15. April 1832 wurde ich als Wilhelm Busch in Wiedensahl geboren.

- *Finde meinen Geburtsort auf der Landkarte!*

Mein Vater war Kaufmann und meine Mutter Hausfrau.
Ich war das erste von sieben Kindern. Bei so vielen Kindern wurde es etwas eng im Haus und ich zog aus.

Das war unser Haus.

1841 zog ich zu meinem Onkel Georg Kleine, der Pastor in Ebergötzen war.

Onkel Georg gab mir und meinem Freund Erich Bachmann Schulunterricht. Erich war der Sohn des Müllers.

1846 zogen mein Onkel und ich nach Lüthorst am Solling um.

- *Suche die Orte Ebergötzen und Lüthorst auf der Deutschlandkarte.*

1848 ging ich nach Hannover, um Maschinenbau zu studieren.

Damit hörte ich aber nach drei Jahren auf.
Ich wollte lieber Maler werden.

Wilhelm Busch   Eine Schreibwerkstatt für 8- bis 12-Jährige   -   Bestell-Nr. 10 859

KOHL VERLAG
Der Verlag mit dem Baum
www.kohlverlag.de

Wer war Wilhelm Busch?

1851 begann ich Malerei in Düsseldorf, München und Antwerpen (Belgien). zu studieren.

Als Student habe ich abends viel mit anderen gefeiert. Morgens kam ich dann nicht aus dem Bett. Ich war nie pünktlich in der Kunstakademie.

Dann beschloss ich, mir eine Verfassung zu schreiben. Meinen Namen habe ich mit W.B. abgekürzt.

- *Lies meine selbstgeschriebene Verfassung!*

- *Schreibe eine Verfassung für dich mit mindestens fünf Paragraphen!*

§ 1. W.B. wird aufgegeben, sich morgens 7.30 Uhr aus den Federn zu erheben.

§ 2. Bis 8.30 Uhr muss er mit Anziehen, Kaffeetrinken, seiner Morgenpfeife usw. fertig sein.

§ 3. Von 8.30 bis 12 Uhr hat er möglichst fleißig auf der Akademie zu arbeiten.

§ 4. Von 12 bis 13.30 Uhr ist Essenszeit, wie auch der Besuch der Bibliothek.

§ 5: Von 13.30 Uhr bis Dunkelwerden: Arbeiten auf der Akademie.

§ 6. Die Abendzeit ist dem weiteren Studium gewidmet. Abendessen und Pfeife rauchen sind nicht verboten.

§ 7. Am Sonntag gilt die Verfassung nicht.

Für jede Nichteinhaltung soll W.B. von einem schlechten Gewissen schwer geplagt werden.

1872 zog ich zurück nach Wiedensahl, von wo ich Reisen nach Italien und in die Niederlande machte.

Ich habe über 1000 Ölbilder gemalt, aber berühmt wurde ich mit meinen Bildergeschichten Max und Moritz.

 von

1898 zog ich zu meinem Neffen nach Mechtshausen im Harz.

Wilhelm Busch   Eine Schreibwerkstatt für 8- bis 12-Jährige   -   Bestell-Nr. 10 859

KOHL VERLAG   Der Verlag mit dem Baum   www.kohlverlag.de

Achtung! Spinne!

Es gibt viele Redensarten, die man in der Umgangssprache benutzt. Wenn jemand auf dem Schlauch steht, meint man: Da versteht jemand etwas nicht.

Wilhelm Busch hat witzige Zeichnungen zu Redensarten gemacht.

- *Sieh dir die Zeichnung genau an und lies den Text dazu!*

Alles Gute kommt von oben

Die Redensart bedeutet eigentlich:

- sauberes Regenwasser kommt von oben

- Gesetze werden von der Regierung (oben) erlassen

- Alle guten Gaben kommen von Gott (oben)

- *Was ist witzig an Wilhelm Buschs Zeichnung?*

_____

_____

- *Versuche die Redensarten zu erklären!*
- *Male witzige Bilder, die zu den Redensarten passen!*

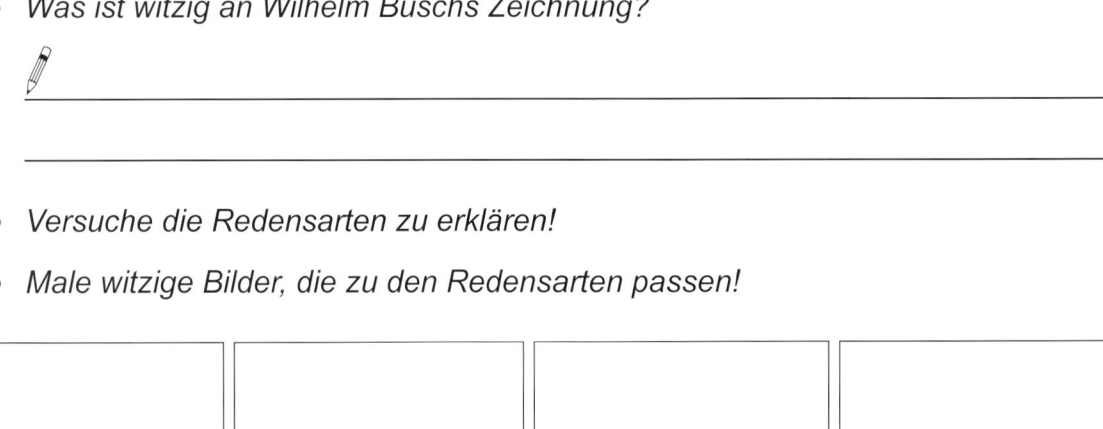

Das Fußballspiel von gestern steckt mir noch in den Gliedern.	Linus sitzt in der Patsche.	Moritz macht am laufenden Band Unsinn.	Elias hat sich gegenüber dem Lehrer im Ton vergriffen.

KOHL VERLAG
www.kohlverlag.de
Wilhelm Busch
Eine Schreibwerkstatt für 8- bis 12-Jährige - Bestell-Nr. 10 859

Achtung! Spinne!

● *Lies die Redensarten und setze das passende Nomen (Substantiv) in das Rätsel ein! Die grauen Kästchen ergeben ein Lösungswort. Schreibe anschließend die Nummer der Redensart an die passende Erklärung!*

Wespennest − Gespenster − Hut − Spieß − Tasche − Ohren − Leberwurst − Geldbeutel − Donnerwetter (ü = ue; ß = ss)

1.	Die beleidigte	spielen
2.	In ein	stechen
3.	Auf dem	sitzen
4.		sehen
5.	Auf den	sitzen
6.	Schreien wie am	
7.	Jemandem in die	greifen
8.	Ein	zu hören kriegen
9.	Eins auf den	geben

Lösungswort: _____

jemandem Geld abnehmen	Unruhe	sich etwas einbilden, was nicht da ist
geizig sein; kein Geld abgeben	ausgeschimpft werden	gekränkt sein; schmollen
angstvoll, lauthals schreien	jemanden zurechtweisen	nicht zuhören; nicht hinhören

● *Schneide das Redensarten-Domino aus! Klebe es auf einem Blatt paarweise passend zusammen!*

Mäuschen spielen	keine Rolle spielen	sich chaotisch verhalten	ein falsches Spiel spielen	vortäuschen, lügen
unbedeutend sein	Spiel auf engem Raum	heimlich zugucken, zuhören	klein-klein spielen	verrückt spielen

Wilhelm Busch   Eine Schreibwerkstatt für 8- bis 12-Jährige   -   Bestell-Nr. 10 859

KOHL VERLAG   Der Verlag mit dem Baum   www.kohlverlag.de

Spukgedicht

- *Lies das Gedicht von Wilhelm Busch! Setze die passenden Reime aus der Wörterliste ein!*

Händen – verneinen – angepackt – erzählt – Härchen – Spukedingen – Jammern – bemerkenswert – Schopf

Es spukt

Abends, wenn die Heimchen* singen,

wenn die Lampe düster schwelt*,

Hör´ ich gern von _____,

was die Tante mir _____.

* Grille
* brennen, glühen

Wie es klopfte in den Wänden,

wie der alte Schrank geknackt,

wie es einst mit kalten _____

Mutter Urschel* _____.

* Ursel

Wie man oft ein leises _____

Grad um Mitternacht gehört,

oben in den Bodenkammern*,

Scheint mir höchst _____.

* Dachboden

Doch erzählt sie gar das Märchen,

Von dem Geiste ohne Kopf,

Dann erhebt sich jedes _____

Schaudervoll* in meinem _____

* gruseln

Und ich kann es nicht _____,

Dass es böse Geister gibt,

Denn ich habe selber einen,

Der schon manchen Streich verübt.

- *Schreibe auf, womit der Geist Leute erschreckt!*

1. Der Geist klopft _____ .

2. Der Geist _____ .

3. Der Geist _____ .

4. Der Geist _____ .

5. Der Geist _____ .

KOHL VERLAG
Der Verlag mit dem Esel
www.kohlverlag.de
Wilhelm Busch
Eine Schreibwerkstatt für 8- bis 12-Jährige - Bestell-Nr. 10 859

Spukgedicht

- Schreibe mit Hilfe des Gedichts *Es spukt* und eigenen Ideen ein Gespenster-ABC-Gedicht!

A _____
B _____
C _____
D _____
E _____
F _____
G _____
H _____
I _____
J _____
K   ettengerassel
L _____
M _____

N _____
O _____
P _____
Q _____
R _____
S _____
T _____
U _____
V _____
W _____
X _____
Y _____
Z _____

- Schreibe die Gespenstergeschichte weiter!
  Die Liste der Satzanfänge kann dir dabei helfen!

Schrecklicher Besuch

Ich war an diesem Abend allein zu Hause und hatte es mir im Bett mit einem Buch über Gespenstergeschichten gemütlich gemacht. Doch bald fielen mir beim Lesen immer wieder die Augen zu. Ich knipste die Nachttischlampe aus und schlief schnell ein. Im Traum sah ich eine alte Burgruine _____

_____
_____
_____
_____
_____
_____
_____
_____
_____
_____
_____
_____

Bald
Dann
Zuerst
Schließlich
Am Ende
Und dann
Während
Aber
Danach
Als
Später
Auf einmal
Plötzlich
Davor
Nur
Jetzt
Nun

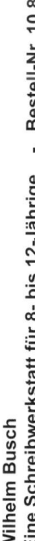

Wilhelm Busch   Eine Schreibwerkstatt für 8- bis 12-Jährige   -   Bestell-Nr. 10 859
KOHL VERLAG   www.kohlverlag.de

Plisch und Plum (1/3)

Auf dieser Seite siehst du einige Zeichnungen von Wilhelm Busch aus der Geschichte mit den Hunden Plisch und Plum, die schlimme Streiche aushecken.

- *Schneide die Texte und Bilder aus und klebe sie auf einem Blatt passend zusammen! Finde zu dem Bild ohne Text einen eigenen! Er muss sich nicht reimen.*

 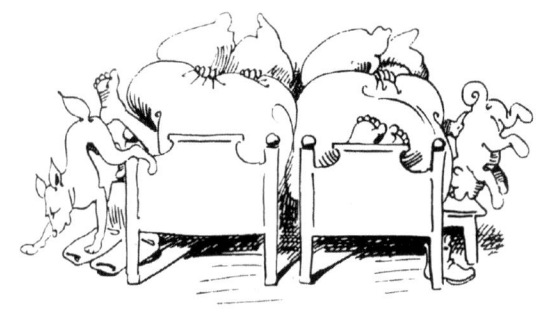

Sehr willkommen sind dazu Hier die Hose, da der Schuh; Welche, eh´ der Tag beginnt Auch bereits verändert sind.	In betreff der Lagerstätte. Schließlich gehen sie auch zu Bette.
„Marsch!" – mit diesem barschen Wort Stößt man sie nach außen fort. – Kühle weckt die Tätigkeit; Tätigkeit verkürzt die Zeit.	Ach, da stehn sie ohne Scham Mitten in dem süßen Rahm Und bekunden ihr Behagen Durch ein lautes Zungenschlagen.

Wilhelm Busch   Eine Schreibwerkstatt für 8- bis 12-Jährige   -   Bestell-Nr. 10 859

KOHL VERLAG
Der Verlag mit dem Baum
www.kohlverlag.de

Plisch und Plum

- *Schreibe möglichst viele und genaue Sätze zu der Bildergeschichte über Madam Kümmel, Plisch und Plum! War nur Wasser in der Gießkanne?*

_____

_____

_____

_____

_____

_____

_____

_____

_____

_____

_____

_____

Wilhelm Busch
Eine Schreibwerkstatt für 8- bis 12-Jährige   -   Bestell-Nr. 10 859
KOHL VERLAG
www.kohlverlag.de

Plisch und Plum

Doch die Geschichte hat ein übles Nachspiel für Madam Kümmel, die auch prompt in Ohnmacht fällt. Denn bei ihrer Aktion hat sie eines nicht bedacht...

● *Schreibe einen passenden Text!*

_____

_____

_____

_____

_____

Die Mutter von Peter und Paul kocht das Mittagessen.
Doch sie hat nicht mit Plisch und Plum gerechnet,
die wieder Böses aushecken.

● *Überlege dir, was auf dem nächsten Bild passiert!*

● *Schneide für deine Idee den passenden Plisch und Plum aus!*

● *Klebe und male das nächste Bild auf ein Blatt und schreibe einen Text dazu!*

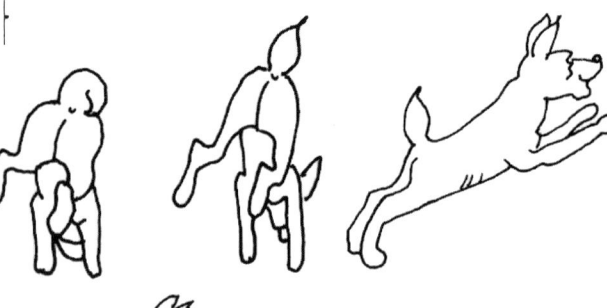

KOHL VERLAG
Der Verlag mit dem Baum
www.kohlverlag.de
Wilhelm Busch
Eine Schreibwerkstatt für 8- bis 12-Jährige   -   Bestell-Nr. 10 859

Wilhelm Buschs Zeichenkurs

Wilhelm Busch hat Anleitungen verfasst, wie man Köpfe zeichnen kann. Natürlich hat er auch gleich dazu gedichtet.

- *Sieh dir die Zeichenkurse an und lies Wilhelm Buschs Texte dazu!*
  Zeichne die Köpfe mit Hilfe des Zeichenkurs auf ein Blatt!

Zum Beispiel machen wir zum Spaß
Mal erstens das!

Dann zweitens zur Erheiterung
Kommt dieses als Erweiterung.

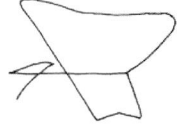

Zum dritten, wie auch zum Vergnügen,
Ist folgendes hinzuzufügen.

Herauf noch viertens mit Pläsier (Freude)
Gelangen wir zu diesem hier.

Zum Schluss noch dieses! – Ei Potzblitz!
So haben wir den Alten Fritz.

König
Friedrich der Große
von Preußen
(1712 - 1786)

Kaiser Napoleon I.
von Frankreich
(1769 - 1821)

Napoleon gewann die Schlacht bei der Stadt Austerlitz und verlor bei Waterloo.

Mach still und froh
Mal so

und so,

Gleich steht er do (da)

bei Austerlitz

und Waterloo.

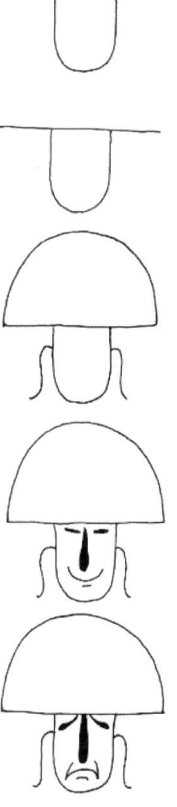

Wilhelm Busch   Eine Schreibwerkstatt für 8- bis 12-Jährige   -   Bestell-Nr. 10 859

KOHL VERLAG
www.kohlverlag.de

Wilhelm Buschs Zeichenkurs

● *Erstelle eine Beschreibung zu dem Zeichenkurs Elefant! Die Satzanfänge und die Wörter könnten dir dabei helfen. Zeichne den Zeichenkurs nach! Benutze einen Bleistift, um Hilfslinien wegradieren zu können!*

Dann - zuerst - am Schluss - zuletzt - danach - jetzt - nun - am Ende

ein Oval - ein Kreis - ein Viereck - ein Rechteck - ein Quadrat - Mittellinie - Ausarbeitung - langgezogen - schmal - verdeckt - kleiner - wegradieren.

① ② ③ ④ ⑤ ⑥ ⑦ ⑧

KOHL VERLAG
Wilhelm Busch
Eine Schreibwerkstatt für 8- bis 12-Jährige - Bestell-Nr. 10 859
www.kohlverlag.de

Brief an Marie

Wilhelm Busch schrieb eine witzige Geschichte in einem Brief an seine Freundin Marie Anderson.

● *Lies die Geschichte! In der Geschichte sind fünf Wörter versteckt, die nicht dahin gehören. Schreibe die Wörter heraus! Die Anfangsbuchstaben ergeben ein Tier.*

1. Wort: _____   2. Wort: _____   3. Wort: _____

4. Wort: _____   5. Wort: _____   6. Wort: _____

Lösungswort: _____

Wiedensahl, 2. April 1875

Meine liebe Frau Anderson!

Die Schildbürger hatten mal ´n Rathaus sauer gebaut, aber die pelzigen Fenster vergessen, und ´s war recht dunkel drin. Man lief auf den Markt mit Schaufeln, igeligen Eimern, Säcken, ließ die Sonne hinein scheinen, und dann hurtig damit ins Rathaus zurück. Sehr nass brav!
Aber am besten von neugierig allen hat mir doch der Herr Stadtschreiber gefallen. Der war der eigelb Listigste! Er fing einen Sonnenstrahl in der Mausefalle.

Mit herzlichen Grüßen   Ihr Wilhelm Busch

● *Beantworte die Fragen in ganzen Sätzen!*

1. Was hatten die Schildbürger in ihrem Rathaus vergessen?

_____

2. Wie versuchten sie, Licht ins Rathaus zu bekommen?

_____

3. Wer war der listigste Schildbürger?

_____

4. Wie fing er das Licht ein?

_____

5. Wie hätten die Schildbürger sonst noch Licht ins Rathaus bekommen können?

_____

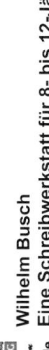

Wilhelm Busch Eine Schreibwerkstatt für 8- bis 12-Jährige - Bestell-Nr. 10 859

KOHL VERLAG www.kohlverlag.de

Brief an Marie

- *Suche die Wörter aus der Liste in dem Suchsel!*

E	I	M	E	S	C	H	A	U	F	E	L	E	I
M	A	U	S	O	N	N	E	M	A	U	R	E	F
R	A	T	H	N	A	T	H	A	R	A	T	H	U
S	T	F	E	N	S	T	E	R	S	T	A	D	T
S	C	H	A	E	U	F	L	S	C	H	A	F	L
S	O	N	E	N	S	O	N	O	N	E	S	N	E
E	M	A	U	S	E	F	A	L	L	E	I	M	E
S	T	A	D	T	S	C	H	R	E	I	B	E	R
R	A	T	S	R	A	S	A	U	H	R	A	I	T
S	C	H	R	A	T	H	A	U	S	I	L	M	D
F	E	N	S	H	E	R	F	E	N	S	T	E	S
S	C	H	I	L	D	B	U	E	R	G	E	R	S

Schildbürger (ü = ue)
Rathaus
Fenster
Sonne
Schaufel
Eimer
Stadtschreiber
Sonnenstrahl
Mausefalle

- *Lies eine weiter Geschichte von den Schildbürgern! Male ein Bild dazu!*

Der versalzene Gemeindeacker

In Schilda wurde das Salz knapp. Die Händler brachten kein neues ins Land. Da überlegten die Schildbürger, dass Zucker (Zuckerrüben) auch auf Feldern wächst. Dann würde es mit dem Salz auch nicht anders sein.
Sie säten also ihren restlichen Salzvorrat auf dem Gemeindeacker aus. Bald schon schoss das Salzkraut in die Höhe. Als es reif war, zogen die Schildbürger mit Sicheln und Sensen ins Feld, um das Salzkraut zu ernten. Das Salzkraut biss ihnen in die Beine und Arme. Sie bekamen rotgeschwollene Hände und ihnen traten die Tränen vor Schmerzen in die Augen. Schon nach kurzer Zeit warfen sie die Sensen und Sicheln ins Feld und rannten in die Stadt zurück.

Du weißt natürlich längst, was auf dem Feld gewachsen war

und so gebissen hat – oder? _____

- *Schreibe Wörter aus beiden Schildbürger-Geschichten in die passenden Spalten der Tabelle!*

ss	nn	ll	rr	pp	ck

Wilhelm Busch   Eine Schreibwerkstatt für 8- bis 12-Jährige   -   Bestell-Nr. 10 859

KOHL VERLAG
www.kohlverlag.de

Freche Antwort

Wilhelm Busch hat viele Witze gezeichnet und getextet. Manchmal hat er auch die Bilder zu Texten angefertigt, die andere Leute geschrieben haben.

● *Lies den Witz Freche Antwort von Wilhelm Busch!*

„Ah, ah! Ich hab´ was im Hals,
ich hab´ was im Hals!"
„Ja, um Gottes willen, Büberl,
was hast denn im Hals?"

„A Züngerl!"

● *Schreibe einen eigenen Witz zu jedem Bild!*

_____

_____

_____

_____

_____

_____

_____

_____

_____

_____

_____

_____

_____

KOHL VERLAG
Der Verlag mit dem Esel
www.kohlverlag.de

Wilhelm Busch
Eine Schreibwerkstatt für 8- bis 12-Jährige   -   Bestell-Nr. 10 859

Freche Antwort

● *Zeichne ein oder mehrere Bilder zu jedem Witz auf ein Blatt!*
  (TIPP: Du kannst auch Sprechblasen benutzen.)

① Zwei Luftballons fliegen durch die Gegend und kommen in einen Blumenladen.
   Warnt der eine Luftballon: „Pass auf, da steht ein Kaktussssssssssss.

② Diana geht in die erste Klasse. „Na, kennst du schon das ABC?", fragt die Oma.
   „Was denkst du denn, schon bis hundert."

● *Welche Teile der Witze gehören zusammen?*
  Schreibe den passenden Buchstaben hinter die Zahlen!

1. Frank kommt missmutig von der Schule nach Hause und fragt die Schwester:

d) „Du brauchst mir keine neuen Schulbücher zu kaufen. Ich kann die alten im nächsten Jahr weiter benutzen."

g) „Mein Goldfisch hatte sich das Bein gebrochen, weil er über eine Wasserpflanze gestolpert ist und da musste ich mit ihm zum Arzt."

2. Ulrike macht Hausaufgaben. „Wie viel sind 6 plus 4?", fragt sie den Bruder.

3. „Wo hast du dein Zeugnis?", fragt der Vater seinen Sohn Kai.

5. Hans kommt sehr spät aus der Schule. Die Mutter fragt, wo er so

c) „Haben wir Lösungsmittel im Haus?" – „Wozu denn?" – „Ich komme mit den Matheaufgaben nicht klar."

7. Mutter fragt: „Hast du die Prüfung bestanden?"

f) „Na 10", sagt er. „Das kann nicht sein", sagt Ulrike, „5 plus 5 sind doch schon 10."

a) „Das habe ich Michael gegeben. Der will damit seine Eltern erschrecken."

4. „Ich habe eine gute Nachricht für dich", sagt Lena zu ihrem Vater. – „Da bin ich aber gespannt."

b) lange gewesen sei. „Ich musste Überstunden machen."

6. Franz kommt zu spät zum Unterricht. Der Lehrer sieht ihn fragend an.

h) „Was du immer sagst, wenn mir etwas Schlimmes passiert ist. Hauptsache du bist gesund, mein Kind!"

8. Mutter ist sauer. „Dein Zeugnis ist eine Katastrophe, was soll ich nur dazu sagen."

e) „Sehr gut sogar. Die Prüfungskommission will, dass ich morgen wiederkomme und die Prüfung noch einmal mache."

1.	2.	3.	4.	5.	6.	7.	8.

Wilhelm Busch · Eine Schreibwerkstatt für 8- bis 12-Jährige - Bestell-Nr. 10 859

KOHL VERLAG
Der Verlag mit dem Baum
www.kohlverlag.de

Das Rabennest

- *Schneide die Bildergeschichte aus und klebe sie in der richtigen Reihenfolge auf ein Blatt!*

- *Schneide die Textkarten aus und klebe sie passend zu den Bildern auf!*

- *Schreibe die fehlenden Reime in die Texte!*

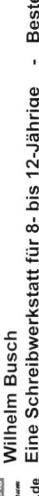

Die Raben in dem Rabennest
Sind aber kreuzfidel gewest.

Da fällt die Leiter um im Nu,
Die Raben sehen munter _____ .

Im Nest die jungen Raben,
Die werden wir gleich _____ .

Sie schreien im Vereine!
Man sieht nur noch die _____ .

Zwei Knaben, jung und heiter,
Die tragen eine _____ .

Zur Hälfte sind die Knaben
So schwarz als wie die _____ .

Wilhelm Busch   Eine Schreibwerkstatt für 8- bis 12-Jährige   -   Bestell-Nr. 10 859

KOHL VERLAG
Der Verlag mit dem Baum
www.kohlverlag.de

Das Rabennest

Die Jungen steckten in dem Schlammloch fest.
Aber sie bekamen Hilfe. Dabei gab es allerdings
Probleme mit dem Hund.

- *Schreibe einen Text, wie die
  Jungen mit der Hilfe ans Ufer
  gelangten und welche Probleme
  es dabei mit dem Hund gab!*

Der Hund und auch der Jägersmann,
Die haben schwarze Stiefel an.

- *Schreibe die passenden Nomen aus den Texten der Geschichte in das Gitterrätsel!*

- *Lies das Beispiel für ein Pyramidengedicht!
  Schreibe ein eigenes Gedicht zu der Geschichte!*

Knaben	1 Wort	_____
tragen Leiter	2 Wörter	_____
wollen junge Raben	3 Wörter	_____
aus dem Baumnest holen	4 Wörter	_____
Pech! Fallen von der Leiter	5 Wörter	_____

KOHL VERLAG
Wilhelm Busch
Eine Schreibwerkstatt für 8- bis 12-Jährige - Bestell-Nr. 10 859
www.kohlverlag.de

Das Rabennest

- *Trenne die Wörter durch senkrechte Striche, so dass du einen sinnvollen Text erhältst!*

Pet erundPa ulhat tenei nRab ennes tmitjun genRa benent decktD asNes tbef and sichho chob eninein emBa umAl sobes orgtensi esichei neLei terundl ehn tens ieand enunt erstenA stde sBau mesPa ulsetzt esicha ufdi eunt erenSpros sendam itdieLe itern ichtvo mAstab rutsch tePet erkletter tehin aufu mdieRab enz uhol enDochle iderwardieLe iterz ukurz.DurchP etersGe wich tschlugdieL eite rüberd enAstBe ide-Jun genfie lenindenSch lammtüm pelSi esteck tenfestN urdieBe inerag tennocha usdemSchl ammE inJä gerkamzufäl ligmits einemHu ndvor beiSi erette tendi ebeid enJunge nausdemS chlamm

- *Ordne die Wörter aus den Texten zum Gedicht nach dem ABC!*
  (TIPP: Bei gleichen Anfangsbuchstaben gilt der zweite Buchstabe.
  Sind die zweiten Buchstaben gleich, gilt der dritte...)

Knaben ✏️ _____

Leiter _____

heiter _____

Raben _____

Verein _____

Jäger _____

fallen _____

Hund _____

Beine _____

sehen _____

Stiefel _____

munter _____

Nest _____

kreuzfidel _____

Rabennest _____

jung _____

Hälfte _____

Wilhelm Busch - Eine Schreibwerkstatt für 8- bis 12-Jährige - Bestell-Nr. 10 859

KOHL VERLAG

www.kohlverlag.de

Fehlgeschossen

Vincent van Gogh
Weizengarben auf
einem Feld
August 1885

- *Schneide die Teile des Gedichts von Wilhelm Busch aus und klebe sie in der richtigen Reihefolge auf ein Blatt!*

- *Schneide dann die Texte mit den Erklärungen zum Gedicht aus!*

- *Klebe die Erklärungen an die passenden Teile des Gedichts!*

Krach! – Potztausend noch mal! Dicht daneben zündet der Wetterstrahl.	Fritz streckte dem Blitz die Zunge heraus und rief: „Ätsch!"
Wo die Weizengarben, je zu zehn, Wie Häuslein in der Reihe stehn.	Ein Gewitter zog auf und Fritz musste sich in Sicherheit bringen.
Und flink wie ein Mäuslein Schlüpft er ins nächste Halmenhäuslein.	Fritz lacht, weil der Blitz ihn verfehlt hatte.
Fritz war ein kecker Junge Und sehr geläufig mit der Zunge.	Schnell hockte er sich in die nächste Korngarbe.
„Ätsch!" rief der Junge, der nicht bange, Und streckt die Zunge aus, die lange:	Auf dem Feld standen je zehn gebundene Korngarben zusammen.
Ein Wetter zog herauf. Da heißt es: „Lauf!"	Dicht neben der Korngarbe schlug der Blitz ein.
Einstmals ist er beim Ährenlesen Draußen im Felde gewesen,	Fritz war auf Draht und nicht auf den Mund gefallen.
„Fehlgeschossen, Herr Blitz! Hier saß der Fritz!"	Einmal war er im Feld, um Kornähren aufzusammeln.

Wilhelm Busch
Eine Schreibwerkstatt für 8- bis 12-Jährige   -   Bestell-Nr. 10 859
www.kohlverlag.de
KOHL VERLAG

Fehlgeschossen

● *Schneide die Satzteile aus und klebe sich als richtige Sätze auf ein Blatt!*

der schweren Feldarbeit	Fritz ist ein	und fleißig bei	netter Junge

abgeschnittene	zu dicken Garben zusammen	reife Korn	Fritz band das

am blauen Himmel	heran	dunkle Wolken	Plötzlich zogen

Halmenhäuschen	Fritz versteckte sich	in den trockenen	blitzschnell

schlug neben dem	Halmenhäuschen ein	Ein greller Blitz	gelben

Fritz lachte den	ganz frech	dummen Blitz	aus

● *In jedem Satz stecken zwei Adjektive (Eigenschaftswörter). Schreibe sie auf!*

_____

_____

_____

_____

_____

● *Schreibe wie in dem Beispiel ein Akrostichon zu dem Gedicht!*

W	eizenernte	W	_____	H	_____
E	ifrig	E	_____	A	_____
I	m Feld	T	_____	L	_____
Z	ehn Garben	T	_____	M	_____
E	ine Reihe	E	_____	E	_____
N	icht fertig	R	_____	N	_____
G	ewitter	S	_____	H	_____
A	m Himmel	T	_____	A	_____
R	egen	R	_____	U	_____
B	litz	A	_____	S	_____
E	ingeschlagen	H	_____		
N	icht bei Fritz	L	_____		

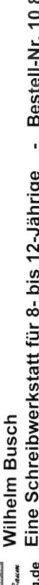

Wilhelm Busch
Eine Schreibwerkstatt für 8- bis 12-Jährige - Bestell-Nr. 10 859
KOHL VERLAG
www.kohlverlag.de

Der Hahnenkampf

Was ist eine Fabel?

Eine kurze Geschichte, die in der Vergangenheit (Präteritum) geschrieben ist und in der

- sprechende Tiere als Hauptfiguren die Vertreter für Menschen sind.
- Gegensätze dargestellt werden (stark – schwach).
- den Menschen eine Lehre erteilt wird.

● *Lies die gemalte und gedichtete Fabel von Wilhelm Busch (S. 26/27)! Male sie mit Filzstiften aus. Kreuze anschließend hier die passende Lehre an.*

❑ *Wenn zwei sich streiten, gibt es zwei Sieger oder zwei Verlierer.*
❑ *Wenn zwei sich streiten, freut sich der Dritte.*
❑ *Wenn zwei sich streiten, gucken alle zu.*

Der Gickerich, ein Gockel fein,
Schaut in den Topf voll Brüh hinein.

Ein zweiter, Gackerich genannt,
Kommt auch sogleich herzugerannt.

Zum Kampf gerüstet und ganz nah,
So stehn sie Aug´ in Auge da.

Und schlagen sich die Sporen
Um die roten Ohren.

Da kämpfen sie noch ganz erhitzt,
Dass rund herum die Brühe spritzt.

Und keiner hält sich für besiegt,
Obschon der Topf am Boden liegt.

KOHL VERLAG
www.kohlverlag.de
Wilhelm Busch
Eine Schreibwerkstatt für 8- bis 12-Jährige - Bestell-Nr. 10 859

Der Hahnenkampf

Sieh da, die Hähne gehen nach
Haus'.

Der Schnauzerl frisst den Rest der Brüh',
Den Schaden hat das Federvieh.

In einer Fabel werden den Tieren bestimmte menschliche Eigenschaften zugeordnet.
Der Fuchs ist listig oder der Löwe ist stark.

- *Ordne den Tieren Eigenschaften durch Verbindungslinien zu!*

Löwe	Maus	Schildkröte	Eule	Esel	Fuchs
listig		stark		dumm	schwach
überheblich		schlau		klug	allwissend
weise		behäbig		gründlich	faul
majestätisch		störrisch		verschlagen	pfiffig
schnell		langsam		fleißig	wendig
naschhaft		erfinderisch		geräuschlos	gierig

- *Male ein Fabeltier in den Rahmen!*

- *Schreibe auf, welche menschlichen Eigenschaften dein Tier hat!*

_____

_____

_____

_____

_____

_____

_____

_____

_____

Bestell-Nr. 10 859

Wilhelm Busch
Eine Schreibwerkstatt für 8- bis 12-Jährige

KOHL VERLAG
Der Verlag mit dem Baum
www.kohlverlag.de

Der Hahnenkampf

- *Schreibe zu jeder Kurzfassung der Fabeln eine passende Lehre!*

Eine Maus benutzte einen Löwen als Spielplatz. Der Löwe schnappte nach ihr. Die Maus bat den Löwen, sie nicht zu fressen, weil sie ihm vielleicht eines Tages noch nützlich sein könne. Der Löwe verschonte sie. Bald darauf wurde der Löwe im Netz eines Jägers gefangen. Er konnte sich nicht befreien. Die Maus biss das Netz durch und so wurde der Löwe gerettet.

_____
_____
_____
_____
_____
_____

Der Fuchs hatte den Storch zum Essen eingeladen. Er setzte ihm die leckersten Speisen vor, aber nur in flachen Schüssel, aus denen der Storch nicht fressen konnte. Gierig fraß der Fuchs alles alleine. Dann lud der Storch den Fuchs zum Essen ein. Wie groß war die Enttäuschung des Fuchses, als er sah, dass die Speisen in langhalsigen Gefäßen waren, aus denen er nicht fressen konnte. Lächelnd schlürfte der Storch alles alleine auf.

_____
_____
_____
_____
_____
_____

Der Fuchs schlich sich an einen Weinstock, an dem herrliche Trauben hingen. So sehr er sich auch streckte und an dem Weinstock hochsprang, die Trauben hingen zu hoch. Das hatte ein Spatz beobachtet und rief dem Fuchs zu, dass er wohl hoch hinaus wolle. Der Fuchs meinte, dass er saure Trauben sowieso nicht möge und stolzierte hochmütig in den Wald zurück.

_____
_____
_____
_____

- *Schreibe eine eigene Fabel nach der Anleitung!*

① Suche dir zwei Fantasietiere aus.

② Denke dir zu jedem Tier passende, aber gegensätzliche Eigenschaften aus.

③ Denke dir eine Lehre für deine Fabel aus, z.B. Wer anderen eine Grube gräbt, fällt selbst hinein.

④ Schreibe deine Fabel ins Heft.

Fabeltier Nr. 1 _____ Eigenschaften:	Fabeltier Nr. 2 _____ Eigenschaften:

Wilhelm Busch
Eine Schreibwerkstatt für 8- bis 12-Jährige - Bestell-Nr. 10 859
KOHL VERLAG
www.kohlverlag.de

Schrifterfindung

Wilhelm Busch schrieb seine Reime mit der Hand unter seine Zeichnungen. Er benutzte dazu die Sütterlin-Schrift, die man auch Deutsche Schrift nannte.

Zu dem Bild schrieb er folgenden Text:

Guten Tag, Frau Eule!
Habt Ihr Langeweile? –

Ja, erst jetzt,
So lang Ihr schwätzt!

Die Sütterlin-Schrift ist nach ihrem Erfinder, dem Berliner Grafiker Ludwig Sütterlin benannt. Die Schrift wurde etwa bis 1941 an deutschen Schulen gelehrt.

- *Übe die Buchstaben aus dem Sütterlin-Alphabet auf einem Blatt mit vier Linien!*

a	b	c	d	e	f	g	h	i	j	k	l	m
n	o	p	q	r	s	t	u	v	w	x	y	z

A	B	C	D	E	F	G	H	I	J	K	L	M
N	O	P	Q	R	S	T	U	V	W	X	Y	Z

- *Schreibe deine Adresse in Sütterlin Schrift!*

Wilhelm Busch
Eine Schreibwerkstatt für 8- bis 12-Jährige   -   Bestell-Nr. 10 859
KOHL VERLAG
www.kohlverlag.de

Schrifterfindung

- *Schreibe die Sätze in der Sütterlin-Schrift!*

1. Wilhelm Busch war der Erfinder von Max und Moritz.
2. Er hat viele Bildergeschichten gezeichnet.
3. Dazu schrieb er Reime.
4. Aber er verfasste auch Witze mit Bildern.

Die Sütterlin-Schrift sieht heute etwas wie eine Geheimschrift aus. Du kannst sie mit deinen Freunden auch so verwenden.

Wenn ihr kein Schreibzeug habt, könnt ihr euch auch im Finger-Alphabet unterhalten.

- *Sieh dir das Finger-Alphabet an!*

- *Übe die Wörter und einige der Sätze damit!*

    - Deinen Namen.

    - Die Namen deiner Freunde.

    - Rufe mich mal an!

    - Hast du einen Tintenpatrone für mich?

    - Hast du einen Bleistift für mich?

    - Kommst du heute Nachmittag?

    - Kann ich bei dir abschreiben?

    - Ich habe heute keine Zeit.

    - Ich habe keine Lust.

    - Kapierst du die Matheaufgaben?

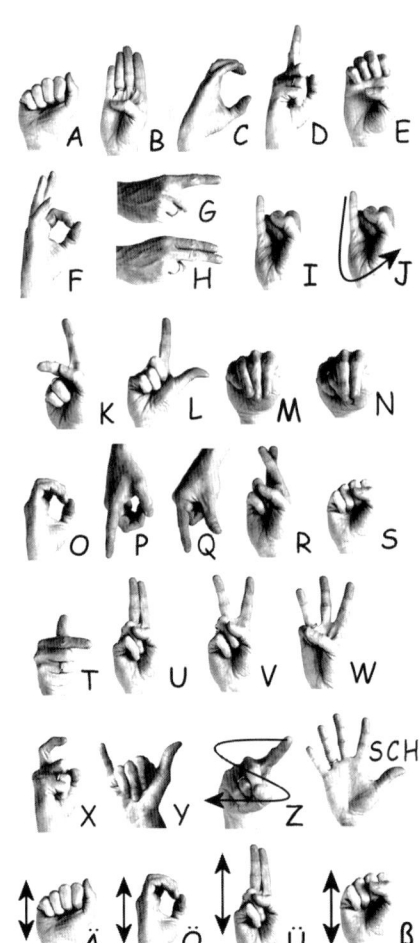

Wilhelm Busch
Eine Schreibwerkstatt für 8- bis 12-Jährige - Bestell-Nr. 10 859
KOHL VERLAG
www.kohlverlag.de

Fink und Frosch

- *Dieser Text wurde von Wilhelm Busch als Gedicht geschrieben.*
  Schreibe den Text in Gedichtform! Achte dabei auf die Reimwörter!
- *Schreibe den Text des Gedichts in einer ausgefallenen Schrift!*
  Die Beispiele könnten dir bei deiner Wahl helfen.

Fink und Frosch   **Fink und Frosch**   Fink und Frosch

Fink und Frosch   Fink und Frosch

Im Apfelbaume pfeift der Fink sein: Pinkepink! Ein Laubfrosch
klettert mühsam nach bis auf des Baumes Blätterdach und
bläht sich auf und quakt: „Jaja! Herr Nachbar, ick bin och noch da!"

Und wie der Vogel frisch und süß sein Frühlingslied erklingen ließ,
gleich muss der Frosch in rauen Tönen den Schusterbass dazwi-
schen dröhnen.

„Juchhei, heija!", spricht der Fink. „Fort flieg´ ich flink!" Und schwingt
sich in die Lüfte hoch. „Wat!" ruft der Frosch. „Dat kann ick och!"
Macht einen ungeschickten Satz, fällt auf den harten Gartenplatz,
ist platt, wie man die Kuchen backt, und hat für ewig ausgequakt.

Wenn einer, der mit Mühe kaum, geklettert ist auf einen Baum,
schon meint, dass er ein Vogel wär´, so irrt sich der.

_____

_____

_____

_____

_____

_____

_____

_____

_____

_____

_____

_____

KOHL VERLAG
www.kohlverlag.de   Wilhelm Busch   Eine Schreibwerkstatt für 8- bis 12-Jährige - Bestell-Nr. 10 859

Fink und Frosch

- *Streiche die falschen Wörter durch!*

Im Birnenbaum / Apfelbaum pfeift / singt ein Fink. Ein Laubfrosch hüpft / klettert in das Blätterdach. Er plustert / bläht sich auf. Der Vogel lässt sein Sommerlied / Frühlingslied erklingen Der Frosch tönt / dröhnt in sanften / rauen Tönen mit. Der Fink fliegt / schwingt sich in die Wolken / Lüfte. Der Frosch will das nachmachen. Er macht einen geschickten / ungeschickten Satz und fliegt / fällt hart auf den Gartenplatz / Wiesenplatz. Nun ist er schlapp / platt.

- *Schreibe das Gedicht in eine Erzählung um. Die Fragen könnten dir dabei helfen!*

  - Wann (in welcher Jahreszeit) passierte die Geschichte?
  - Wo oder an welchem Ort passierte die Geschichte?
  - Wer war beteiligt/wer spielte in der Geschichte mit?
  - Was machten die Beteiligten?
  - Wie passierte der Ausgang der Geschichte?

_____

_____

_____

_____

_____

_____

_____

_____

_____

_____

_____

_____

_____

- *Schreibe die Wörter mit der passenden Anzahl der Buchstaben aus dem Gedicht heraus!*

3 Buchstaben	6 Buchstaben

Bestell-Nr. 10 859

Wilhelm Busch
Eine Schreibwerkstatt für 8- bis 12-Jährige
www.kohlverlag.de
KOHL VERLAG

Fink und Frosch

● *Zeichne eine Bildergeschichte zu den Texten!*

Im Apfelbaum pfeift der Fink
Sein: Pinkepink!

Ein Laubfrosch klettert mühsam nach
Bis auf des Baumes Blätterdach.

„Juchhei, heija!", spricht der Fink.
„Fort flieg ich flink!"
Und schwingt sich in die Lüfte hoch.

„Wat!", ruft der Frosch, „dat kann ick
ooch!" Macht einen ungeschickten Satz,

Fällt auf den harten Gartenplatz,

Ist platt, wie man die Kuchen backt,
Und hat auf ewig ausgequakt.

● *Löse das Silbenrätsel! Alle Wörter sind Nomen aus dem Gedicht. Schreibe sie groß!*

a – bar – bass – baum – blät – dach – frosch – früh – gar – laub
– lied – lings – nach – pfel – platz – schus – ten – ter – ter

_____

_____

_____

_____

_____

Wilhelm Busch   Eine Schreibwerkstatt für 8- bis 12-Jährige   -   Bestell-Nr. 10 859

KOHL VERLAG
Der Verlag mit dem Baum
www.kohlverlag.de

Apho ... was?

Wilhelm Busch hat viele Aphorismen (sprich: Aforismen) geschrieben.
Das sind geistreiche oder lehrreiche Gedanken und Sinnsprüche.

- *Lies die Aphorismen, die Erklärungen und löse die Aufgaben!*

Mache aus dem Topf mit Filzstiften ein richtiges Kunstwerk.

Töpfe sind auch Kunstgeschöpfe.

Früher wurden Töpfe mit der Hand hergestellt. Diese Handwerker fertigten kleine Kunstwerke an, wie ein Maler seine Bilder.

Male ein Bild zu der Drohung des Jungen.

Knabendrohung: Sperrst du mich in den Keller, fang' ich Mäuse und setze sie an den Speck.

Früher wurden große Speckseiten im Keller aufbewahrt und hingen hoch oben an der Wand, damit die Mäuse sie nicht fraßen.

Schreibe eine Liste von den Dingen, die du dir ganz stark wünschst.

Wo man am meisten drauf erpicht,
Gerade das bekommt man nicht.

Gerade das, was man sich am meisten wünscht, bekommt man nicht.

KOHL VERLAG
Der Verlag mit dem Baum
www.kohlverlag.de

Wilhelm Busch
Eine Schreibwerkstatt für 8- bis 12-Jährige - Bestell-Nr. 10 859

Apho ... was?

Der Ungeduldige fährt sein Heu nass ein.

Bei manchen Dingen (Heu) muss man geduldig warten, bis sie fertig (trocken) sind. Ungeduld kann eine Sache verderben.

Welche Sache hast du schon mal durch deine Ungeduld verdorben? Schreibe auf.

Niemand holt sein Wort wieder ein.

Wenn man etwas sagt, was einem hinterher leid tut, kann man es nicht einfach zurücknehmen.

Wann tat dir mal etwas leid, was du gesagt hast? Schreibe auf.

„Das erfrischt!", sagte die Katz´, da fiel sie ins Regenfass.

Schreibe deine Erklärung dazu.

Schreibe einen Text oder male ein Bild dazu.

Wilhelm Busch   Eine Schreibwerkstatt für 8- bis 12-Jährige   -   Bestell-Nr. 10 859

KOHL VERLAG
Der Verlag mit dem Baum
www.kohlverlag.de

Der hinterlistige Heinrich

● *Schreibe zu der Bildergeschichte (S. 36-38) von Wilhelm Busch eine* Geschichte!

KOHL VERLAG
Der Verlag mit dem Baum
www.kohlverlag.de

Wilhelm Busch
Eine Schreibwerkstatt für 8- bis 12-Jährige - Bestell-Nr. 10 859

Der hinterlistige Heinrich

Wilhelm Busch
Eine Schreibwerkstatt für 8- bis 12-Jährige - Bestell-Nr. 10 859
www.kohlverlag.de
KOHL VERLAG

Der hinterlistige Heinrich

_____

_____

_____

_____

_____

_____

_____

_____

_____

_____

Für das Wort hinterhältig gibt es noch andere Wörter. Sie haben die gleiche Bedeutung.

- *Schneide die Wortkarten aus!*

- *Setze die zerschnittenen Wörter richtig zusammen!*
  (TIPP: Der Anfang des Wortes ist fett gedruckt.)

- *Klebe sie auf!*

hinter	**unauf**	ernd
lerisch	tückisch	**ge**
unred	hältig	richtig
haft	schlagen	mein
heim	**lau**	lich
bos	**ver**	**heuch**

Wilhelm Busch   Eine Schreibwerkstatt für 8- bis 12-Jährige   -   Bestell-Nr. 10 859

Der zerstreute Bauer

Wilhelm Busch zeichnete viele witzige Begebenheiten und schrieb den passenden Text dazu.

- *Lies die witzige Begebenheit Der zerstreute Bauer!*

„Wisst ´s, was dem Huber neulich passiert ist? Der kommt nachts 12 Uhr nach Haus, legt seinen Hund ins Bett und wirft sich selber zur Tür hinaus.

Erst am anderen Tage merkte er seinen Irrtum, weil er mit des Nachbars Katze in Streit geriet und nicht bellen konnte."

- *Wie geht die Begebenheit aus? Schreibe ein witziges Ende!*

_____

_____

_____

_____

_____

_____

- *Schreibe Ein-Nomen-Gedichte über den Text von Wilhelm Busch und deinen eigenen wie in dem Beispiel!*

Eine Nacht		
Ein Bauer		
Ein Hund		
Ein Bett		
Ein Rauswurf		
Ein anderer Tag		
Ein Irrtum		
Eine Katze		
Ein Streit		

Wilhelm Busch
Eine Schreibwerkstatt für 8- bis 12-Jährige - Bestell-Nr. 10 859
KOHL VERLAG
www.kohlverlag.de

Der zerstreute Bauer

● *Schreibe zu den drei Bildern von Wilhelm Busch eine witzige Begebenheit!*

_____

_____

_____

_____

_____

_____

_____

_____

_____

_____

_____

_____

_____

_____

_____

_____

_____

_____

_____

● *Lies die witzige Begebenheit und male Bilder dazu auf deinen Zeichenblock!*

Falsch verstandene Reinlichkeit

Bäcker Moser musste einen Quarkkuchen für eine Hoch-
zeit backen. Stolz holte er ihn aus dem Ofen. Er war
wirklich gut gelungen. Damit der Kuchen schnell ab-
kühlen sollte, stellte er ihn vor den Hintereingang sei-
nes Hauses.

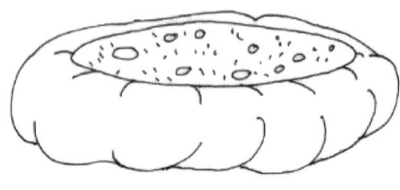

Der Müller Kleier brachte dem Bäcker den bestellten Sack Mehl ins Haus. Da seine
Schuhe noch voll Mehlstaub aus der Mühle waren, trat er sich die Schuhe ab, bevor
er in die Backstube ging.

Leider verwechselte er den Quarkkuchen mit dem Fußabtreter. Als er es merkte,
sagte er: „Dat Ding is weech."

Wilhelm Busch   Eine Schreibwerkstatt für 8- bis 12-Jährige   -   Bestell-Nr. 10 859

KOHL VERLAG
Der Verlag mit dem Baum
www.kohlverlag.de

Seltsame Naturgeschichte

Wilhelm Busch hat viele Tiere in seinen Bildergeschichten Hauptrollen und Nebenrollen spielen lassen. Doch auch witzige Zeichnungen und Texte zu Vergleichen von Tieren mit Menschen oder Gegenständen beschrieb er. Er nannte sie Vorlesungen aus dem Gebiet der Naturgeschichte.

● *Lies die witzigen Vergleiche zwischen ...*

... der Veränderung vom Braunbär zum Eisbär!

Wird der Bär alt und weißhaarig, so wird er als Eisbär auf Expeditionen verwendet, um Matrosen zu fressen.

... ungewaschenen Kindern und Schweinchen!

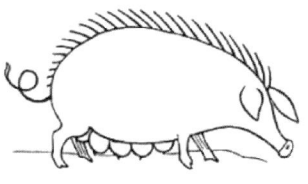

Das Schwein hält sich an Orten auf, wo sich nur ein Schwein aufhalten kann und wird als Vorwurf für Kinder benutzt, die sich nicht waschen wollen.

... Bockbierflasche oder Turnbock!

Der Bock kann auch als Bier getrunken oder zum Springen in der Turnhalle benutzt werden.

... nicht vorhandenem Elefantenhals und Giraffenhals!

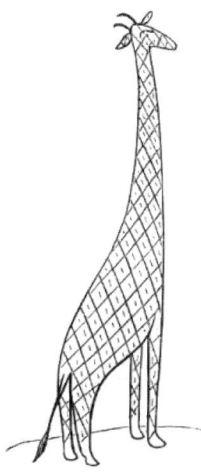

Die Giraffe hat einen so langen Hals, dass selbst der Elefant einen kürzeren hat.

KOHL VERLAG
Der Verlag mit dem Baum
www.kohlverlag.de   Wilhelm Busch   Eine Schreibwerkstatt für 8- bis 12-Jährige   -   Bestell-Nr. 10 859

Seltsame Naturgeschichte

● *Schreibe witzige Vergleiche nach eigenen Ideen zu den Tieren von Wilhelm Busch!*

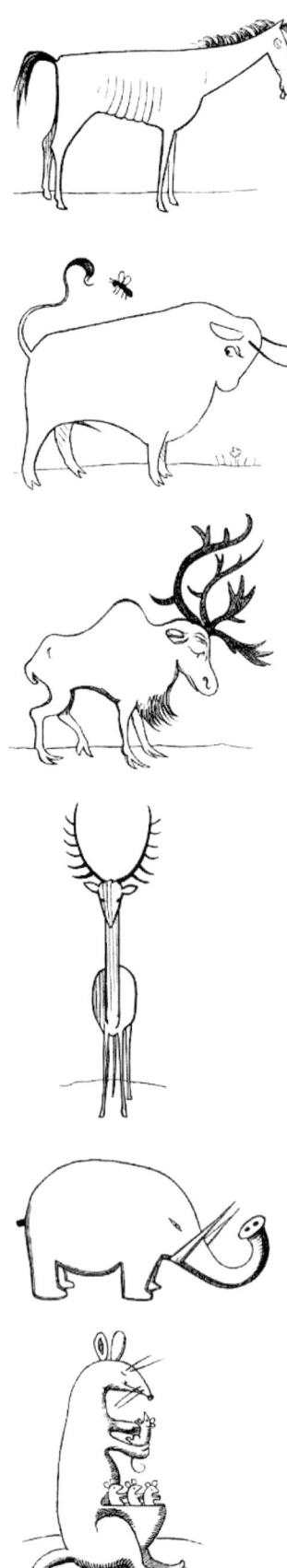

Das Pferd

_____

_____

_____

_____

Der Ochse

_____

_____

_____

_____

Das Rentier

_____

_____

_____

_____

Der Hirsch

_____

_____

_____

_____

Der Elefant

_____

_____

_____

_____

Das Känguru

_____

_____

_____

_____

Wilhelm Busch – Eine Schreibwerkstatt für 8- bis 12-Jährige – Bestell-Nr. 10 859

KOHL VERLAG
www.kohlverlag.de

Witzige Ansichten

Schon vor Wilhelm Busch gab es Künstler, die witzige Ansichten von Bildern herstellten.

- *Sieh dir die Bilder an und schreibe dazu, was witzig an den Bildern ist!*

Wilhelm Busch

_____
_____
_____
_____
_____
_____
_____
_____
_____
_____

Wilhelm Busch

Guiseppe Arcimboldo

_____
_____
_____
_____
_____
_____
_____

Siehst du nur eine Vase

M.C. Escher

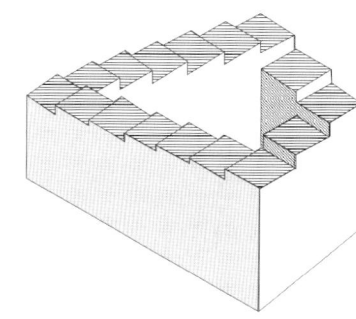

_____
_____
_____
_____
_____

Wilhelm Busch   Eine Schreibwerkstatt für 8- bis 12-Jährige   -   Bestell-Nr. 10 859

KOHL VERLAG
Der Verlag mit dem Baum
www.kohlverlag.de

Witzige Ansichten

Ein Künstler hat sich sogar eine witzige Ansicht als Rache einfallen lassen. Er sollte ein Bild von einem König malen. Doch der Künstler wusste, dass der König sehr geizig war und schlecht bezahlte. Also hat der Künstler den König als Zerrbild dargestellt.

Du kannst den König auch als richtiges Bild sehen.

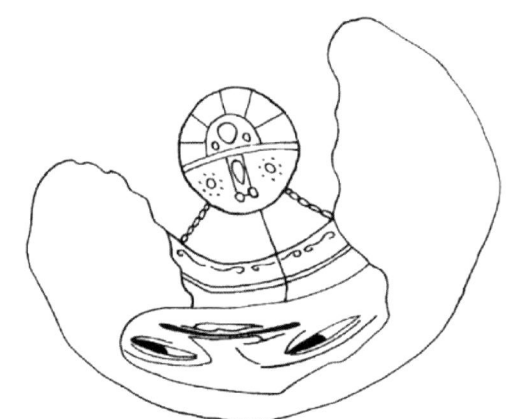

- *Beklebe eine Papprolle (leere Toilettenrolle) glatt mit Alufolie!*
- *Vergrößere Das Bild auf dem Kopierer und stelle die Papprolle auf das Amulett!*

Benutze deine Papprolle, um selbst ein Zerrbild herzustellen.

- *Stelle dein Zerrbild nach der Anleitung her!*
- *Schreibe einen Text zu deinem Bild!*

    - Zeichne dein Bild in das quadratische Raster auf dem Arbeitsblatt S. 45.
    - Übertrage die Linien wie in dem unteren Beispiel von Punkt zu Punkt in das gebogene Raster.
    - Überprüfe deine Arbeit zwischendurch mit deiner Papprolle.

_____

_____

_____

_____

_____

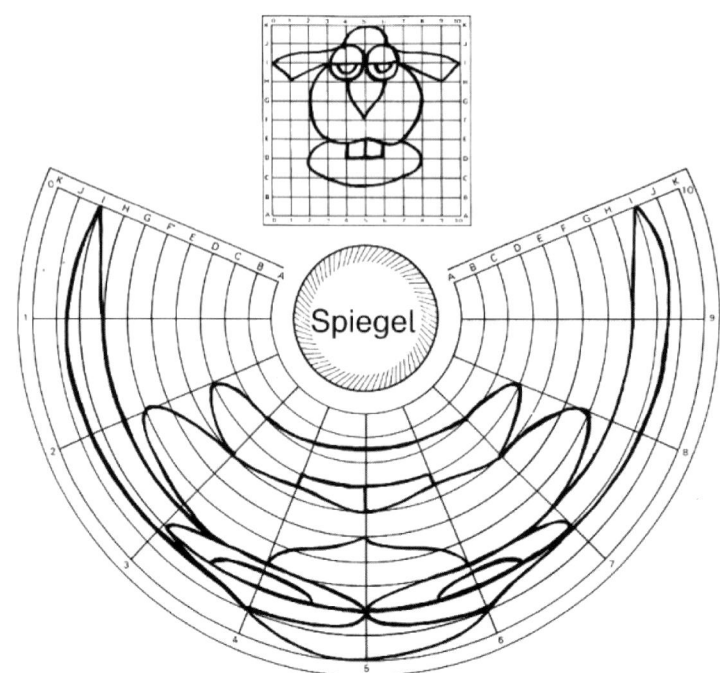

Wilhelm Busch   Eine Schreibwerkstatt für 8- bis 12-Jährige   -   Bestell-Nr. 10 859

KOHL VERLAG   www.kohlverlag.de

Witzige Ansichten

Wenn du mehrere Zerrbilder herstellen willst, kopiere das Blatt vorher mehrmals.

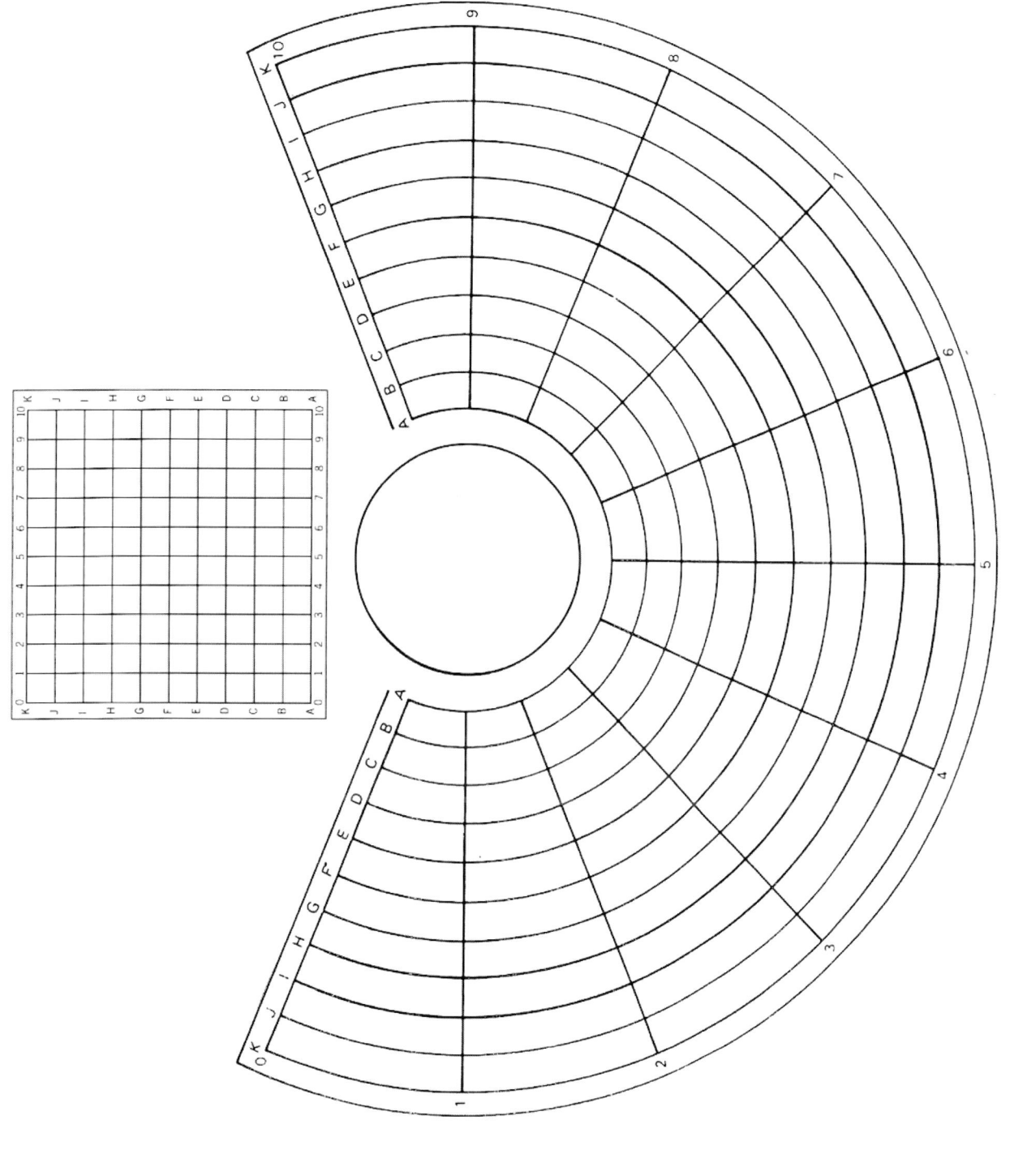

KOHL VERLAG
Der Verlag mit dem Baum
www.kohlverlag.de

Wilhelm Busch
Eine Schreibwerkstatt für 8- bis 12-Jährige - Bestell-Nr. 10 859

Lösungen

S. 9   Leberwurst, Wespennest, Geldbeutel, Gespenster, Ohren, Spieß, Tasche, Donnerwetter, Hut
7, 3, 6, 2, 8, 9, 4, 1, 5
Mäuschen spielen – heimlich zugucken, zuhören; keine Rolle spielen – unbedeutend sein; ein falsches Spiel spielen – vortäuschen; lügen; klein-klein spielen – Spiel auf engem Raum; verrückt spielen – sich chaotisch verhalten

S. 10   Spukedingen, erzählt, Händen, angepackt, Jammern, bemerkenswert, Härchen, Schopf, verneinen

S. 17   Sauer, pelzigen, igeligen, nass, neugierig, eigelb = Spinne
1. Fenster, 2. mit Schaufeln, Eimern und Säcken, 3. Der Stadtschreiber, 4. mit einer Mausefalle

S.18

E	I	M	E	S	C	H	A	U	F	E	L	E	I
M	A	U	S	O	N	N	E	M	A	U	R	E	F
R	A	T	H	N	A	T	H	A	R	A	T	H	U
S	T	F	E	N	S	T	E	R	S	T	A	D	T
S	C	H	A	E	U	F	L	S	C	H	A	F	L
S	O	N	E	N	S	O	N	O	N	E	S	N	E
E	M	A	U	S	E	F	A	L	L	E	I	M	E
S	T	A	D	T	S	C	H	R	E	I	B	E	R
R	A	T	S	R	A	S	A	U	H	R	A	I	T
S	C	H	R	A	T	H	A	U	S	I	L	M	D
F	E	N	S	H	E	R	F	E	N	S	T	E	S
S	C	H	I	L	D	B	U	E	R	G	E	R	S

ss: vergessen, nass, dass, schoss, biss, / nn: Sonne, dann, Sonnenstrahl, rannten / ll: allen, gefallen, Mausefalle, rotgeschwollene / rr: Herr, Salzvorrat / pp: knapp / ck: Säcken, zurück, Zucker, Zuckerrüben, Gemeindeacker,

S. 20   1 - c); 2 - f); 3 - a); 4 - d); 5 - b); 6 - g); 7 - e); 8 - h)

S. 22   Vereine, Knaben, Rabennest, Beine, Nest, Hund, Raben, Stiefel, Leiter

S. 23   Peter und Paul hatten ein Rabennest mit jungen Raben entdeckt. Das Nest befand sich hoch oben in einem Baum. Also besorgten sie sich eine Leiter und lehnten sie an den untersten Ast des Baumes. Paul setzte sich auf die unteren Sprossen, damit die Leiter nicht vom Ast abrutschte. Peter kletterte hinauf, um die Raben zu holen. Doch leider war die Leiter zu kurz. Durch Peters Gewicht schlug die Leiter über den Ast. Beide Jungen fielen in den Schlammtümpel. Sie steckten fest. Nur die Beine ragten noch aus dem Schlamm. Ein Jäger kam zufällig mit seinem Hund vorbei. Sie retteten die beiden Jungen aus dem Schlamm.

ABC: Beine, fallen, Hälfte, heiter, Hund, Jäger, jung, Knaben, kreuzfidel, Leiter, munter, Nest, Raben, Rabennest, sehen, Stiefel, Verein

S. 25   Fritz ist ein netter Junge und fleißig bei der schweren Feldarbeit.
Fritz band das abgeschnittene reife Korn zu dicken Garben.
Plötzlich zogen dunkle Wolken am blauen Himmel heran.
Fritz versteckte sich blitzschnell in den trockenen Halmenhäuschen.
Ein greller gelber Blitz schlug neben dem Halmenhäuschen ein.
Fritz lachte den dummen Blitz ganz frech aus.

Wilhelm Busch - Eine Schreibwerkstatt für 8- bis 12-Jährige - Bestell-Nr. 10 859
KOHL VERLAG www.kohlverlag.de

Lösungen

S. 25   Nett, fleißig – abgeschnitten, reif – dunkel, blau – blitzschnell. Trockenen, grell, gelb – frech dumm

S. 32   3 Buchstaben: der, ein, bis, auf, des, und, ick, bin, och, wie, süß, sein, den, ich, die, wat, dat, ist, man, hat, für, mit, wär
6 Buchstaben: pfeift, mühsam, Baumes, gleich, Frosch, harten, Kuchen

S. 33   Apfelbaum, Laubfrosch, Blätterdach, Frühlingslied, Gartenplatz, Schusterbass

S. 38   heimtückisch, boshaft, heuchlerisch, unredlich, unaufrichtig, gemein, verschlagen, hinterhältig, lauernd

KOHL VERLAG
Der Verlag mit dem Baum
Wilhelm Busch
www.kohlverlag.de
Eine Schreibwerkstatt für 8- bis 12-Jährige - Bestell-Nr. 10 859

Wir werden Leseprofi – Fit durch Lesetraining!

Gesteigerte Lesekompetenz und daraus resultierende Lernkompetenz!

... das sind die Effekte, die sich beim Bearbeiten der beliebten Leseprofi-Reihe einstellen. Und das wird sich auch auf andere Unterrichtsbereiche positiv auswirken! Denn das „Er-lesen" von **Wörtern und Texten** ist Grundvoraussetzung zum **Erschließen** eines vorhandenen **Lernstoffes.** Die Serie „**Wir werden Leseprofi!**" verfolgt ein klares Ziel: **Das sinnerfassende Lesen in wenigen Lernschritten durch regelmäßigen Einsatz zu lernen, zu üben, zu trainieren und schließlich zu festigen!**

Die Lesetexte sind in aufsteigendem Schwierigkeitsgrad sortiert, so können die häufig sehr unterschiedlichen Leistungsstufen innerhalb eines Klassenverbandes differenzierend berücksichtigt werden. So werden alle Schülerinnen und Schüler im Handumdrehen LESEPROFI!

Die **Arbeitshefte** sind eine **sinnvolle Ergänzung des Lesetrainings.** Darin finden sich weitere **variable vertiefende Übungen** zu allen Lesetexten. Neben Aufgaben zum **Textverständnis** werden auch **Kenntnisse in der Rechtschreibung und Grammatik** schwerpunktmäßig verbessert. Erfahrungsgemäß entfaltet die **Kombination** von **Lesetraining** und dem dazu ausgearbeiteten **Arbeitsheft** die beste Lernmotivation und führt oft zu erstaunlichen **Leistungssteigerungen!** Damit stellt unsere Serie ein sehr effektives Lernmittel zur Steigerung der Lesekompetenz dar.

Dieses bewährte Trainingsprogramm hat sich in der Praxis als sehr wirksam erwiesen. Die Autoren und der Kohl-Verlag sind stolz auf zahlreiche positive Rückmeldungen und Erfolgsberichte zufriedener Lehrerinnen und Lehrer aller Schulstufen!

In allen Schularten einsetzbar!

Ausführliche Hinweise zur Anwendung sowie aussagekräftige Leseproben gibt es unter www.kohlverlag.de!

Je 51 Kopiervorlagen, mit Lösungen!

Bestseller!

- Wir werden Leseprofi! / 5. Schuljahr — Best.-Nr. 10 765 — 12,80 €
- Wir werden Leseprofi! - Arbeitsheft / 5. Schuljahr — Best.-Nr. 10 775 — 12,80 €

- Wir werden Leseprofi! / 6. Schuljahr — Best.-Nr. 10 766 — 12,80 €
- Wir werden Leseprofi! - Arbeitsheft / 6. Schuljahr — Best.-Nr. 10 776 — 12,80 €

- Wir werden Leseprofi! / 7. Schuljahr — Best.-Nr. 10 767 — 12,80 €
- Wir werden Leseprofi! - Arbeitsheft / 7. Schuljahr — Best.-Nr. 10 777 — 12,80 €

- Wir werden Leseprofi! / 8. Schuljahr — Best.-Nr. 10 768 — 12,80 €
- Wir werden Leseprofi! - Arbeitsheft / 8. Schuljahr — Best.-Nr. 10 778 — 12,80 €

- Wir werden Leseprofi! / 9.-10. Schuljahr — Best.-Nr. 10 769 — 12,80 €
- Wir werden Leseprofi! - Arbeitsheft / 9.-10. Schuljahr — Best.-Nr. 10 779 — 12,80 €

- Wir werden Leseprofi! / Gesamtpaket 5.-10. Schuljahr — Best.-Nr. 10 785 — <u>nur</u> 56,80 €
- Wir werden Leseprofi! - Arbeitsheft / Gesamtpaket 5.-10. Schuljahr — Best.-Nr. 10 798 — <u>nur</u> 56,80 €